Dirección Editorial: **Raquel López Varela**
Coordinación Editorial: **Ana María García Alonso**
Maquetación: **Susana Diez González**
Diseño de cubierta: **Francisco A. Morais**

Cuarta edición

Carretera León-La Coruña, km 5
ISBN: 978-84-441-4438-2
Depósito legal: LE. 105-2013
Printed in Spain - Impreso en España

EDITORIAL EVERGRÁFICAS, S. L.
Carretera León-La Coruña, km 5
LEÓN (España)
Atención al cliente: 902 123 400

Mateo y Román y el caso del WASABI

Carmen García Iglesias

everest

A Román que me prestó su nombre.

A Genoveva que me presentó
su Tokio en fotos.

Gracias por eso y por mucho más.

Así empezó todo...

Hacía más de un mes que íbamos a la oficina solo para leer el periódico. Ni una llamada, ningún correo, ni una sola visita... Empezábamos a pensar que nuestra afamada *Agencia de detectives Mateo y Román S. L.* había sido olvidada por todos los posibles clientes que necesitaran nuestros servicios.

Estábamos tan desanimados que teníamos un aburrido tono gris. Pero aquella mañana nuestra suerte cambió: alguien estaba llamando al timbre.

—¡Adelante! —gritamos a la vez que recuperábamos el color.

Una enrojecida clienta abrió la puerta con cuidado, entró y se sentó ante mi mesa.

MATEO
&
ROMÁN

(Debo decir que Mateo me miró con cierta envidia y rápidamente acercó su silla para escuchar la conversación).

—Necesito que me ayuden a encontrar a mi hermano —dijo, y una lágrima se deslizó entre los pliegues de sus ojos.

—Bien. Cuéntenos toda la historia, por favor —le dije.

—Hace cosa de un mes recibimos una carta desde Japón en la que nos comunicaban que un lejano pariente nos había dejado una herencia importante y que debíamos ir a Tokio para cobrarla. No aclaraban nada más y nosotros no recordábamos a ningún pariente que viviera en Tokio, así que, como a mí me dan mucho miedo los aviones y el viaje es tan largo, pensamos que lo mejor sería que primero fuera mi hermano, y si lo consideraba necesario después viajaría yo y me reuniría con él. ¡Pobrecillo! Justo cuando debía acudir a una cita con dos abogados para conocer el misterio de la herencia, desapareció. Lo último que sé de él es que había quedado con ellos en un restaurante para comer. A partir de entonces ni me ha llamado, ni contestado el teléfono ni saben nada de él en el hotel donde se alojaba. Estoy segura de que está en peligro o le ha pasado algo terrible y les ruego que me ayuden a encontrarlo.

Estas últimas palabras las dijo prácticamente llorando. Mateo le alcanzó un pañuelo y yo, como no sabía qué hacer,

me puse de varios colores para ver si de esa manera conseguía consolarla.

—Bien, por favor, cálmese, ¿quiere un té o un vaso de agua o… una mosca fresquísima, recién atrapada? —dijo Mateo.

—No, muchas gracias. Perdonen la emoción, pero estoy realmente preocupada. El mundo es un lugar muy difícil para un camaleón —respondió después de secar sus abundantes lágrimas.

—¿Tiene alguna foto reciente de su hermano? —pregunté.

—Sí, llevo una en el bolso. Precisamente esta se la hizo poco antes de su viaje. Como pueden ver, luce su mejor colorido; quizá les parezca un poco atrevido, pero es muy elegante, siempre lo ha sido.

Mateo y yo miramos la foto del desaparecido y nos quedamos mudos durante unos segundos; desde luego con aquel color era imposible pasar desapercibido; quizá el caso fuera menos difícil de lo que parecía.

Naturalmente aceptamos el trabajo. Le pedimos que nos diera todos los datos que pudiera recoger y en poco tiempo teníamos dos billetes de avión para Tokio, una guía de la ciudad y muchas ganas de empezar a buscar.

Y hasta allí fuimos...

Cuando llegamos a Tokio, nuestra alegría por haber conseguido un caso tan interesante, había decaído mucho. Veinticuatro horas de avión pueden ser agotadoras y la llegada a una ciudad tan llena de edificios, luces, personas, coches, colores, anuncios... nos resultó un poco agobiante.

Menos mal que el idioma no era ningún problema, porque, aunque no sabemos ni una sola palabra en japonés (salvo "sayonara" que significa "adiós"), los camaleones podemos comunicarnos entre nosotros en cualquier parte del mundo gracias a un lenguaje propio. Eso nos permitió hablar con el taxista y darnos cuenta de que aquella ciudad era un lío donde iba a ser muy difícil encontrar a alguien y muy fácil perderse e incluso desaparecer.

El hotel era un edificio muy moderno y tan alto que no se podía ver dónde acababa. Teníamos reservada una habitación precisamente en el último piso y lo primero que hice al entrar en el dormitorio fue asegurarme de que nadie nos estuviera esperando con malas intenciones. (Nunca nos había pasado nada parecido, pero como soy tan aficionado a las películas policíacas, he copiado algunos comportamientos, lo reconozco). Desde los ventanales se veía un mar de edificios, y la habitación, aunque era pequeña, resultaba cómoda, con todos aquellos botones en la pared que servían para subir y bajar persianas y encender las luces y la televisión. El sillón también tenía botones para moverlo y ponerlo en un montón de posiciones. Mateo estaba encantado probando todas las posibilidades. Yo me había fijado

en un botón que había junto a la taza del váter. ¿Para qué serviría? Asomé la cara dentro de la taza justo en el momento en que lo apretaba y un gran chorro de agua templada me lavó de arriba abajo. Tuve que pensar un rato pero al ver que no había papel higiénico comprendí su utilidad. Me sequé y llamé a Mateo:

—¡Mateo, ven, mira esto!

—A ver…

Y en ese momento apreté de nuevo el botón y lo mojé entero.

—Ya no tienes que ducharte —le dije partido de risa mientras mi compañero no sabía si reírse o… reírse.

La broma nos sirvió para recuperarnos un poco y decidimos que al día siguiente empezaríamos la búsqueda.

Aquella mañana estaba lloviendo. No obstante, seguimos adelante con nuestros planes y, armados con un enorme plano desplegable, nos dispusimos a empezar la

investigación en el hotel donde se había alojado el desaparecido Bernardo.

El recepcionista nos había indicado la mejor manera de llegar hasta allí, pero en poco tiempo estábamos totalmente

perdidos. La verdad es que nunca hemos sido muy buenos orientándonos; es más, ninguno de los dos sabe cómo llegar a casi ninguna parte en casi ningún sitio del mundo excepto en nuestro barrio (¡menos

mal que este pequeño detalle lo desconocen nuestros clientes!). Para colmo, no encontrábamos a ningún otro camaleón a quien preguntar y empezamos a dar vueltas y más vueltas hasta que al cabo de dos horas estábamos totalmente exhaustos.

De repente, un anciano camaleón, amarillo como un limón, surgió como por encanto y se acercó a nosotros.

—Perdónenme si los molesto, pero me ha parecido que están ustedes perdidos —dijo con una amabilidad que nos dejó sin habla mientras giraba nuestro plano que estábamos mirando al revés.

—Sí, sí. Tiene razón, estamos un poco perdidos —dijo Mateo enrojeciendo hasta la punta de la lengua.

—Si lo desean, tendré mucho gusto en ayudarlos a encontrar el lugar que están buscando —dijo, y metiendo las manos en las mangas de su precioso kimono, se quedó esperando nuestra respuesta.

Mateo y yo nos miramos y decidimos confiar en él.

—Es necesario que lleguemos a este hotel —y le enseñé la tarjetita en la que estaba escrito el nombre del lugar y la dirección.

—Está un poco lejos, pero si quieren seguirme los llevaré con mucho gusto.

—Bien, es usted muy amable. Nos presentaremos. Este es mi socio Mateo y yo me llamo Román, y estamos buscando a un… amigo —dije.

—Mi nombre es Yasunari. Seguro que encontrarán a su amigo —dijo con cierto aire de misterio, y comenzó a andar en silencio.

Nosotros lo seguimos un poco asombrados por sus palabras, pero encantados de que alguien nos sacara de aquel laberinto.

Al llegar al hotel, el anciano se despidió rápidamente sin llegar ni siquiera a entrar en el edificio, y prácticamente desapareció.

El recepcionista era un camaleón muy pequeño que variaba continuamente de color, adaptándose al del cliente de turno. Resultaba prodigioso que para hablar con nosotros fuera capaz de dividirse en dos partes: una parte verde, del lado de Mateo, y otra parte amarilla, de mi lado.

—¿En qué puedo ayudarlos? —nos preguntó.

—Somos detectives y estamos buscando a un camaleón que estuvo alojado en este hotel hace aproximadamente dos semanas. Se llama Bernardo y ha desaparecido.

—¡Ah, ya recuerdo! El señor se dejó las maletas y todas sus cosas y no ha venido a recogerlas, así que las hemos tenido que llevar al almacén y dejar libre la habitación para otros clientes.

Mateo y yo nos miramos. Las cosas se estaban poniendo un poco difíciles y era muy importante conseguir información de alguna manera, así que presumiendo de mi exquisita educación dije:

—¿Hay alguna forma de entrar en esa habitación y revisarla?, sin molestar, por supuesto, y también sería muy útil poder mirar dentro de las maletas, sin desordenar nada, por supuesto, y además, ¿sería posible hablar con alguien que hubiera tratado con don Bernardo?, si no es abusar de su paciencia, por supuesto —pregunté apresuradamente con la más amplia y encantadora de mis sonrisas.

El recepcionista hizo un extraño gesto como de cambiar de color y dijo:

—Por supuesto.

—Perdóneme, ¿por supuesto, qué?

ホテル

—Por supuesto pueden ver la habitación porque aún está libre, y mirar el contenido de las maletas, y además no hay ningún problema en que hablen con quien atendió a don Bernardo, porque fui yo mismo —dijo con un tono un poco cursi, mientras hacía una ligera reverencia que nosotros imitamos inmediatamente.

—¡Estupendo! —exclamó Mateo—. Comencemos cuanto antes.

—Vengan por aquí, por favor.

Nos dirigimos al ascensor y, por un momento, tuve la impresión de que algo muy amarillo se escondía detrás de un grupo de turistas.

La habitación estaba en el piso treinta y cinco y el panorama era impresionante, aunque no nos aclaró nada. Bajamos al almacén y el equipaje era dos pequeños maletines que ni siquiera estaban cerrados con llave, seguramente porque Bernardo tenía la intención de volver al hotel en cuanto acababa su gestión. El contenido era escaso, propio de alguien que no va a pasar mucho tiempo de viaje: un extraño sombrero, un kimono con las iniciales del hotel (sospecho que se lo quería llevar como recuerdo), seis libros de *manga* ¡en japonés! y algunas prendas de ropa.

Estábamos como al principio: lo único claro es que no pensaba quedarse mucho tiempo en Tokio. Y eso ya lo suponíamos.

Un ruidito al fondo del almacén nos hizo girar la cabeza, pero al acercarnos no vimos nada; bueno, yo sí vi algo: el reflejo de una cosa terriblemente amarilla que se deslizaba por las baldosas de la pared.

Volvimos a recepción un tanto decepcionados. El recepcionista hablaba con unos clientes y cambiaba de color de forma prodigiosa. Era un espectáculo observarlo, tanto que nos quedamos embobados mirándolo hasta que se dirigió a nosotros con gesto interrogante.

—¿En qué puedo ayudarlos ahora? —dijo.

Estábamos tan fascinados que nos costó reaccionar.

—Esto… sí, claro… —balbuceó Mateo—, ¿recuerda cuándo fue la última vez que vio a Bernardo?

—Pues sí, lo recuerdo porque un cliente tan… elegante no se ve con frecuencia. En realidad, debía de llevar aquí uno o dos días cuando una noche vinieron a dejarle una nota. El sobre era de una oficina de abogados muy prestigiosa. Cuando bajó a desayunar, el botones se la entregó y ya no volví a verlo hasta poco antes de la hora de comer, cuando se fue del hotel. Por cierto, debía de tener una cita importante, porque iba muy bien coloreado.

—Esa oficina de abogados, ¿sabe dónde se encuentra? —preguntó Mateo.

—Naturalmente, todo el mundo la conoce —respondió muy ufano—. Se puede ir en el metro o bien en un taxi. Pero quizá el metro les resulte demasiado confuso. Algunos occidentales han pasado horas en una estación intentando saber dónde estaban y cómo ir a donde querían. No sería la primera vez.

—Está claro que iremos en un taxi —dije con absoluta seguridad.

El taxi es un medio muy caro para desplazarse por Tokio, pero no debíamos arriesgarnos a desaparecer en una ciudad como aquella. Bernardo podía estar en peligro y era preciso encontrarlo cuanto antes.

Enseguida llegamos a la oficina de los abogados que ocupaba el décimo piso de

un edificio muy moderno cercano a un templo rodeado de jardines.

—Pasen por aquí —nos dijo una recepcionista muy bajita y de sorprendente tonalidad. A pesar de que el lugar era muy espacioso, no se oía ni una mosca (en realidad ninguna mosca hubiera sobrevivido en un lugar lleno de camaleones). Todos hablaban casi susurrando.

Pasamos a un despacho pequeño pero luminoso y a los pocos minutos apareció un camaleón gris, con unas impresionantes gafas de concha, que nos saludó muy educadamente.

—Estamos buscando a dos abogados de esta oficina que se habían citado con nuestro cliente Bernardo hace dos días para ir a comer al restaurante Naomi —dijo Mateo de un tirón y sin tomar aire.

Nuestro interlocutor se quedó aún más gris. Aquello quería decir algo, pero, ¿qué?

Pasaron unos segundos en silencio antes de que respondiera.

—¡Ah, sí, ya recuerdo! ¡Justo el día anterior enviamos una nota a ese señor para que se reuniera con dos de mis asociados en ese restaurante!

—Bien, y ¿qué ocurrió? —pregunté un poco impaciente.

—Que no apareció.

—¿Cómo que no apareció? Le puedo asegurar que el recepcionista del hotel donde se alojaba me ha confirmado que Bernardo recibió la nota y salió muy bien arreglado al día siguiente poco antes de la hora de comer. Cuéntenos todo lo que sepa, por favor.

El abogado se puso muy nervioso. Se notaba en el temblor de su cuerpo y en su colorido, que iba y venía. Comenzó a hablar en voz muy baja.

—Intentaré explicarles todo lo que sé: hace aproximadamente dos meses vino a visitarnos un anciano que deseaba contratar nuestros servicios. Dijo que quería dejar su herencia a dos sobrinos que vivían en España, pero antes quería conocerlos.

—O sea, que quería saber si se la merecían —dijo Mateo.

—¿Y cómo pensaba hacerlo? —pregunté.

—Pues conociendo a sus herederos —dijo.

—¿Cómo?

—Si me permiten concluir mi relato lo entenderán todo —respondió el abogado y, después de tomar un poco de agua, continuó hablando—. Como les digo, nuestro cliente quería conocer a sus parientes antes de dejarles la herencia, así que les envió billetes de avión y una reserva de hotel. Después nosotros, los abogados, y el señor Yasunari quedaríamos en el restaurante con don Bernardo y le explicaríamos todo. Entonces ya sabíamos que su hermana no vendría a Tokio

—¿Y qué pasó? —pregunté.

—Pues que cuando los dos abogados llegaron al restaurante, no encontraron a nadie. Pensaron que quizá don Bernardo había ido al lavabo, buscaron por las paredes y los carteles del local por si acaso se había confundido con el fondo, pero

no era así. Y hasta hoy nadie ha vuelto a saber nada de él. Eso es todo lo que puedo contarles.

—¿Me puede decir si el anciano cliente es un camaleón de un color amarillo intensísimo? —pregunté con intención.

—Pues sí, efectivamente. ¿Lo han visto ustedes? —se extrañó el abogado.

—Sospecho que nosotros lo hemos visto, pero sobre todo él nos ha visto a nosotros. Incluso diría que nos sigue los pasos desde que llegamos a esta ciudad —respondí.

Mateo y yo nos miramos. Estaba claro que Yasunari no había aparecido por

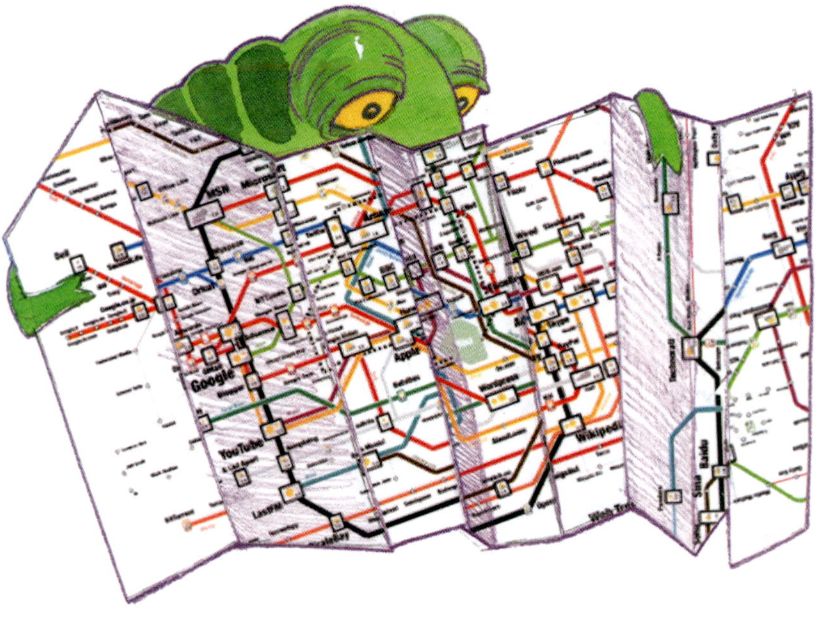

casualidad cuando estábamos perdidos: él nos iba ayudando para encontrar a su sobrino. Así que el siguiente paso era ir al restaurante Naomi donde acababa la pista de Bernardo y empezaba el auténtico misterio.

Nos despedimos del abogado, pero antes nos ofreció un gran plano del metro, recomendándonos tomarlo para ir hasta el restaurante. Agradecimos su atención, aunque al desplegarlo y ver toda esa maraña de líneas de colores y nombres de estaciones escritos en japonés no supimos qué pensar.

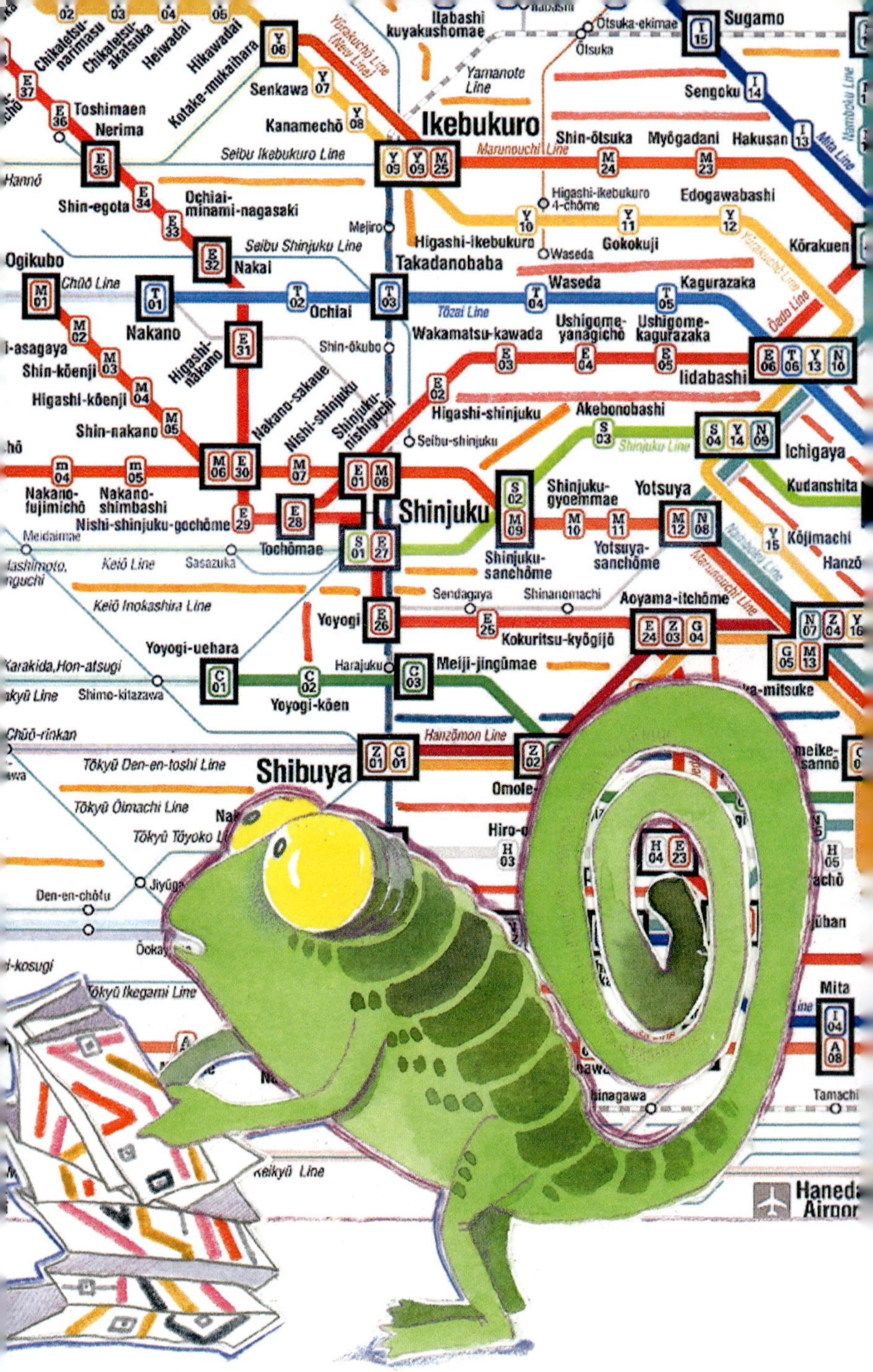

Chikatetsu-narimasu
Chikatetsu-akatsuka
Heiwadai
Hikawadai
Kotake-mukaihara
Toshimaen
Nerima
Senkawa
Kanamechō
Yūrakuchō Line (New Line)
Itabashi kuyakushomae
Yamanote Line
Ōtsuka-ekimae
Ōtsuka
Sugamo
Sengoku
Ikebukuro
Seibu Ikebukuro Line
Marunouchi Line
Shin-ōtsuka
Myōgadani
Hakusan
Mita Line
Namboku Line
Hannō
Shin-egota
Ochiai-minami-nagasaki
Higashi-ikebukuro 4-chōme
Edogawabashi
Mejiro
Seibu Shinjuku Line
Higashi-ikebukuro
Waseda
Gokokuji
Kōrakuen
Ogikubo
Nakai
Takadanobaba
Chūō Line
Nakano
Ochiai
Tōzai Line
Waseda
Kagurazaka
Yūrakuchō Line
Ōedo Line
Asagaya
Shin-kōenji
Higashi-nakano
Shin-ōkubo
Wakamatsu-kawada
Ushigome-yanagichō
Ushigome-kagurazaka
Iidabashi
Higashi-kōenji
Nakano-sakaue
Nishi-shinjuku
Shinjuku-nishiguchi
Higashi-shinjuku
Akebonobashi
Shin-nakano
Seibu-shinjuku
Shinjuku Line
Ichigaya
Kudanshita
Nakano-fujimichō
Nakano-shimbashi
Nishi-shinjuku-gochōme
Shinjuku
Shinjuku-gyoemmae
Yotsuya
Meidaimae
Tochōmae
Shinjuku-sanchōme
Yotsuya-sanchōme
Kōjimachi
Hanzō
Keiō Line
Sasazuka
Keiō Inokashira Line
Sendagaya
Shinanomachi
Aoyama-itchōme
Yoyogi
Kokuritsu-kyōgijō
Yoyogi-uehara
Karakida, Hon-atsugi
Harajuku
Meiji-jingūmae
Odakyū Line
Shimo-kitazawa
Yoyogi-kōen
Akasaka-mitsuke
Chūō-rinkan
Hanzōmon Line
Tōkyū Den-en-toshi Line
Shibuya
Omote
Tameike-sannō
Tōkyū Ōimachi Line
Tōkyū Tōyoko Line
Den-en-chōfu
Kosugi
Tōkyū Ikegami Line
Mita
Shinagawa
Tamachi
Keikyū Line
Haneda Airport

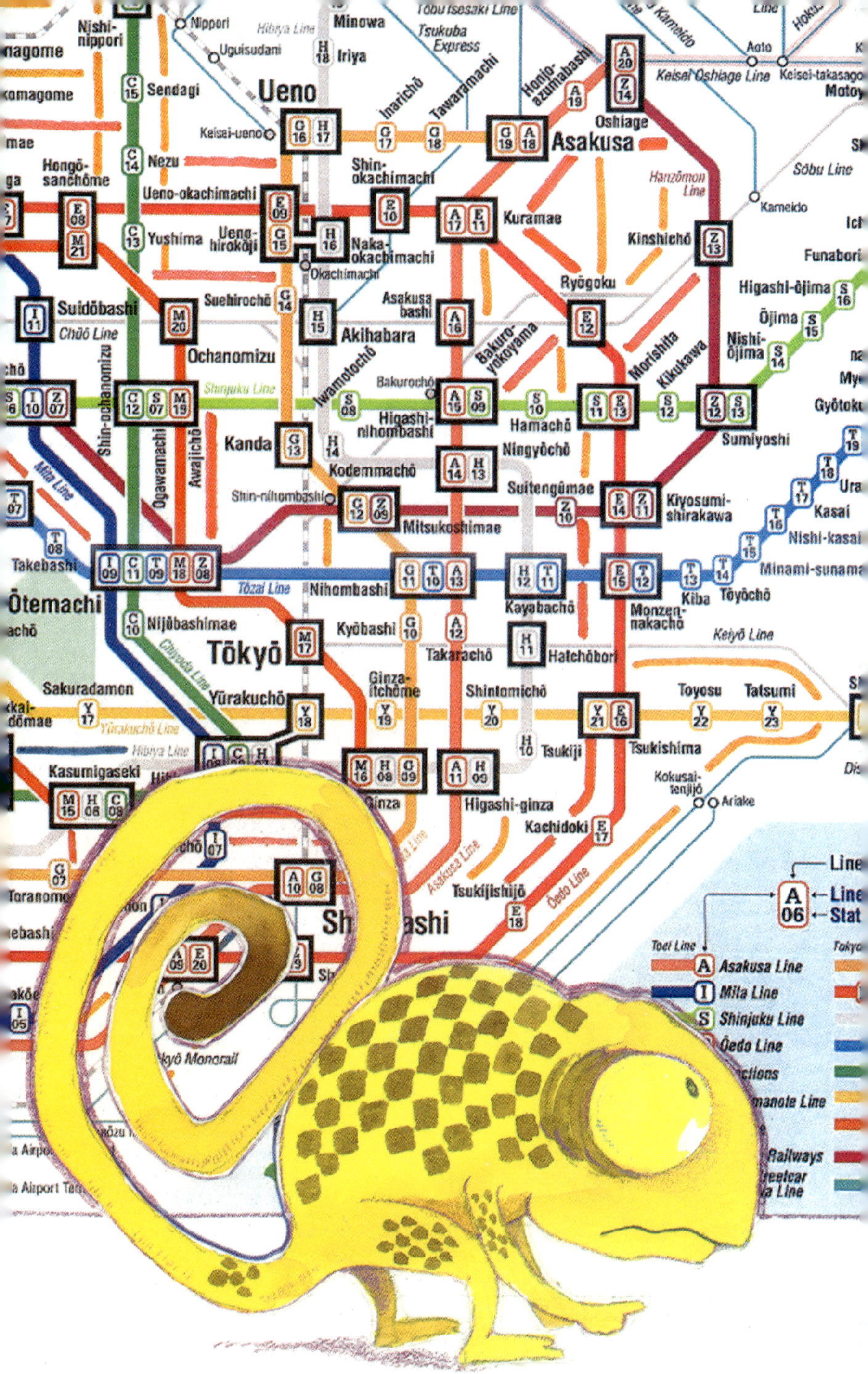

Nishi-nippori
Nippori
Hibiya Line
Minowa
Tobu Isesaki Line
Tsukuba Express
Uguisudani
Iriya
Aoto
Keisei Oshiage Line
Keisei-takasago
Sendagi
Ueno
Keisei-ueno
Inarichō
Tawaramachi
Honjo-azumabashi
Oshiage
Asakusa
Nezu
Hongō-sanchōme
Shin-okachimachi
Hanzōmon Line
Sōbu Line
Ueno-okachimachi
Kameido
Kuramae
Yushima
Ueno-hirokōji
Naka-okachimachi
Kinshichō
Funabori
Okachimachi
Ryōgoku
Higashi-ōjima
Suidōbashi
Suehirochō
Asakusa bashi
Ōjima
Chūō Line
Akihabara
Nishi-ōjima
Ochanomizu
Iwamotochō
Bakuro-yokoyama
Morishita
Kikukawa
Bakurochō
Shin-ochanomizu
Shinjuku Line
Gyōtoku
Higashi-nihombashi
Hamachō
Sumiyoshi
Ogawamachi
Awajichō
Kanda
Ningyōchō
Kodemmachō
Suitengūmae
Mita Line
Shin-nihombashi
Kiyosumi-shirakawa
Mitsukoshimae
Kasai
Nishi-kasai
Takebashi
Tōzai Line
Nihombashi
Minami-sunamachi
Ōtemachi
Kayabachō
Kiba
Tōyōchō
Monzen-nakachō
Nijūbashimae
Kyōbashi
Takarachō
Keiyō Line
Tōkyō
Hatchōbori
Chiyoda Line
Sakuradamon
Ginza-itchōme
Shintomichō
Toyosu
Tatsumi
Yūrakuchō
Yūrakuchō Line
Hibiya Line
Tsukiji
Tsukishima
Kasumigaseki
Ginza
Higashi-ginza
Kokusai-tenjijō
Ariake
Kachidoki
Toranomon
Asakusa Line
Tsukijishijō
Ōedo Line
Line
Line
Stat
Toei Line
Asakusa Line
Mita Line
Shinjuku Line
Ōedo Line
Railways
Monorail

De nuevo en el metro

Decidimos arriesgarnos y entramos. Había varias líneas de metro, un tren, muchos viajeros, un movimiento continuo y nosotros dos, mudos de asombro y de miedo en medio de todo aquello.

Estábamos empezando a arrepentirnos de nuestro atrevimiento, cuando un resplandor amarillo nos anunció la presencia de… Yasunari.

—*Mateo-san* y *Román-san*, creo que es el momento de que sepan toda la verdad —dijo, llamándonos por nuestros nombres en japonés e inclinándose en una leve reverencia.

—Supongo que usted es el tío de nuestra clienta y de su hermano Bernardo y que nos está siguiendo para intentar localizarlo, ¿verdad? —dijo Mateo.

—Así es. Si me lo permiten, me gustaría acompañarlos hasta el restaurante donde desapareció mi sobrino. Creo que allí encontraremos la respuesta que estamos buscando.

En realidad, las apariciones de Yasunari eran para nosotros como si un hada madrina nos protegiera cuando más lo necesitábamos. El anciano echó a andar,

nosotros lo seguimos en silencio como la otra vez y después de un maravilloso recorrido por diferentes líneas y colores, llegamos al restaurante. (Debo decir que, para un camaleón, quedarse mirando fijamente el plano del metro de Tokio, lleno de líneas de colores que se cruzan, es una auténtica gozada, porque intentar copiarlo nos permite utilizar un colorido impresionante. Mateo lo hizo y hasta el silencioso Yasunari sonrió al verlo).

El restaurante era pequeño, sencillo y estaba iluminado suavemente. Al entrar había un grupo de mesas en torno a una barra donde un cocinero partía los alimentos en trocitos pequeños, hacía montoncitos de arroz y luego envolvía todo con algas, preparando unos platos iguales a los que tenían puestos en la pared. De esa manera era muy fácil decidir qué quería comer cada uno. Detrás de una cortina debía de estar la cocina, porque una mano sacaba platos calientes de vez en cuando. A un lado, y separadas por biombos, había unas mesitas bajas para comer sentados encima de una tarima.

Una joven camaleona se acercó a nosotros muy sonriente y nos indicó dónde sentarnos, pero Yasunari se adelantó y preguntó por el encargado, que apareció de inmediato como por arte de magia.

—¿En qué puedo ayudarlos? —dijo.

Le explicamos que estábamos buscando a Bernardo y que necesitábamos saber si se acordaban de él.

La camaleona, que estaba escuchando, se acercó al encargado y le dijo algo al oído. Se retiraron un momento y al final decidió contarnos lo que sabía, que era muy poco.

—Yo lo recuerdo. Era un camaleón tan elegante que no es fácil olvidarlo —suspiró entrecerrando sus enormes ojos—. Cuan-

天ぷら
そば・うどん
370円
肉
そば・うどん
420円

do llegó, el restaurante acababa de abrir y él fue el primer cliente del día. Poco después llegaron dos camaleones buscándolo. Les conduje a la mesa donde lo había colocado pero ya no estaba y no lo he vuelto a ver. No puedo decirles nada más.

—¿En qué mesa se sentó? —preguntó Mateo.

—Vengan conmigo —respondió.

Nos llevó a una de aquellas mesas bajitas ocultas entre biombos y dijo:

—Aquí se sentó. Me acuerdo perfectamente.

Nos quedamos mirando la mesa, iluminada por una preciosa lámpara roja decorada con caracteres japoneses y con sus manteles individuales y sus palillos perfectamente colocados. Estábamos tan abstraídos que pegamos un auténtico salto cuando oímos la voz de Yasunari que decía:

—Me gustaría invitarlos a comer, si no les molesta.

Mateo y yo nos miramos y aceptamos enseguida. No tuvimos que quitarnos los zapatos, porque los camaleones no usamos, y nos sentamos frente a nuestro amigo.

La camarera nos trajo unas cartas llenas de preciosas fotos de todo lo que se podía comer y empezó a colocar el agua y unos platillos minúsculos junto a los cuales puso unos tubos de algo misterioso.

Cuando se fue, tomé uno de aquellos tubos y comprobé que dentro tenía una extraña pasta de un precioso y tentador color verde. Estaba dispuesto a probarlo, pero cuando llevaba la lengua a mitad de camino, Yasunari gritó:

—¡¡¡NOOOO!!!

Asustado retiré mi lengua mientras la pasta verde caía encima de la mesa formando una montañita.

—¿Qué sucede?, ¿está envenenado? —pregunté, intentando recuperar algún color.

—Discúlpeme por haberlo asustado, pero si llega a comerse todo ese *wasabi*, probablemente no podría ni hablar.

—¿Wasa… qué? —preguntó Mateo.

—*Wasabi* —respondió Yasunari—. ¿No lo han probado nunca?

—No, pensé que sería algún tipo de dentífrico para lavarse los dientes antes de comer o una pasta de menta para tener el aliento fresco —dije avergonzado.

Yasunari sonrió y poniendo solo un poquito en el platillo nos explicó que el *wasabi* es una mostaza japonesa muy utilizada en toda su cocina y que resulta un picante sorprendente para los extranjeros.

Nos animó a probarlo y aunque sólo tomé un poco, el picante recorrió toda mi lengua, me atravesó el cuerpo e incluso enderezó mi cola. Mateo, al ver mi reacción, decidió que no tenía ningún interés en conocerlo y sugirió que Yasunari escogiera el menú…. sin *wasabi*.

Nuestro amigo nos explicó muchos misterios de la vida japonesa, pero seguíamos preocupados: en el restaurante se perdía el rastro de Bernardo y ya no sabíamos por dónde seguir.

Decidimos regresar al hotel para ver si se nos ocurría algo. Yasunari nos ofreció su ayuda de nuevo para que no nos perdiéramos en el metro y llegamos a una estación que desconocíamos: tantos viajeros moviéndose en tantas direcciones, vagones llenos y cientos de letreros en japonés nos daban la impresión de estar metidos dentro de un juego de ordenador manejado por un camaleón con los ojos cerrados. Estaba pensando en estas cosas cuando lo vi. Se apoyaba en un plano del metro, pero destacaba entre tantas rayas de colores. Alguien tan… tan… distinto, no podía ser otro.

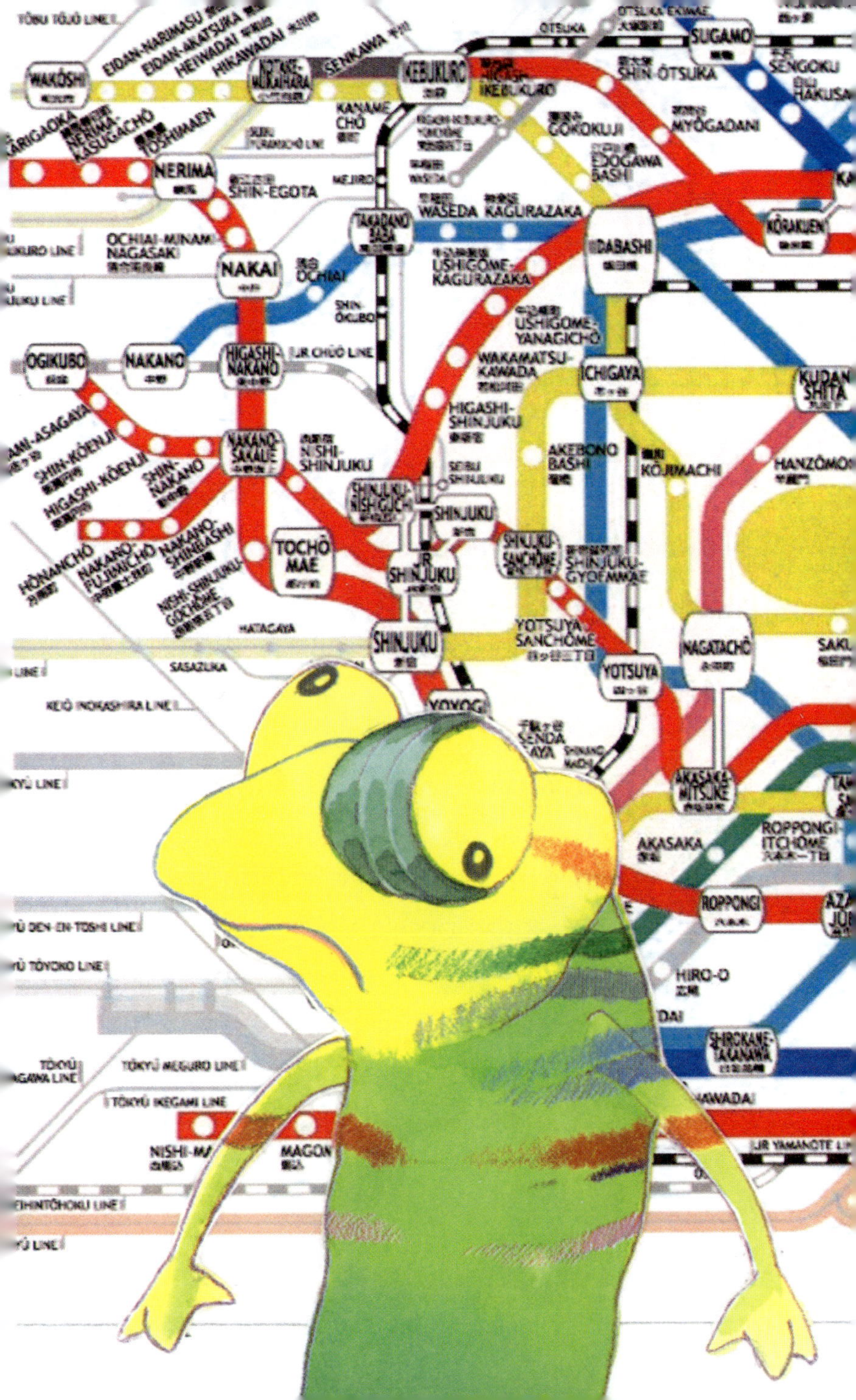

TŌBU TŌJŌ LINE
WAKŌSHI
EIDAN-NARIMASU
EIDAN-AKATSUKA
HEIWADAI
HIKAWADAI
KOTAKE-MUKAIHARA
SENKAWA
IKEBUKURO
HIGASHI-IKEBUKURO
OTSUKA
OTSUKA EKIMAE
SUGAMO
SHIN-ŌTSUKA
SENGOKU
KANAME-CHŌ
GOKOKUJI
MYŌGADANI
EDOGAWA-BASHI
NERIMA-KASUGACHŌ
TOSHIMAEN
NERIMA
SHIN-EGOTA
MEJIRO
TAKADANOBABA
WASEDA
KAGURAZAKA
IIDABASHI
KŌRAKUEN
OCHIAI-MINAMI-NAGASAKI
NAKAI
OCHIAI
USHIGOME-KAGURAZAKA
SHIN-ŌKUBO
USHIGOME-YANAGICHŌ
OGIKUBO
NAKANO
HIGASHI-NAKANO
JR CHŪŌ LINE
WAKAMATSU-KAWADA
ICHIGAYA
KUDANSHITA
HIGASHI-SHINJUKU
AKEBONOBASHI
KŌJIMACHI
NAKANO-SAKAUE
NISHI-SHINJUKU
SHIN-KŌENJI
HIGASHI-KŌENJI
SHIN-NAKANO
SEIBU SHINJUKU
SHINJUKU-NISHIGUCHI
SHINJUKU
HŌNANCHŌ
NAKANO-FUJIMICHŌ
NAKANO-SHINBASHI
TOCHŌMAE
JR SHINJUKU
SHINJUKU-SANCHŌME
SHINJUKU-GYOEMMAE
NISHI-SHINJUKU-GOCHŌME
HATAGAYA
SHINJUKU
YOTSUYA-SANCHŌME
NAGATACHŌ
YOTSUYA
SASAZUKA
KEIŌ INOKASHIRA LINE
YOYOGI
SENDAGAYA
AKASAKA-MITSUKE
ROPPONGI-ITCHŌME
AKASAKA
ROPPONGI
HIRO-O
SHIROKANE-TAKANAWA
TŌKYŪ MEGURO LINE
TŌKYŪ IKEGAMI LINE
JR YAMANOTE LINE

Por fin Bernardo

—¡Bernardo! —grité.

Todos sus colores parecieron recolocarse para construir la figura de un espléndido camaleón que me miraba con los ojos más asombrados que he visto nunca.

—¿Me conoce? —dijo balbuceando—. ¿Alguien me conoce?

Corrimos hacia él y empezamos a abrazarlo mientras seguía repitiendo extrañado:

—¿Alguien me conoce?

Yasunari lloraba tanto que formó un charquito a su alrededor y Bernardo chapoteaba en él sin saber muy bien quién era aquel camaleón tan amarillo que no paraba de llorar.

Por fin le explicamos quiénes éramos y por qué lo buscábamos. Cuando comprendió todo, empezó a darnos las

gracias mientras se secaba una lágrima de emoción que empezó a recorrer los pliegues de sus enormes ojos.

Nos sentamos en unos bancos y allí mismo Bernardo nos contó la terrible historia de su desaparición:

—Pues verán: yo fui en taxi hasta el restaurante donde debía encontrarme con los abogados que iban a hablarme del secreto de la herencia. Llegué quince minutos antes de la cita y el local aún estaba vacío. Una señorita muy amable me señaló la mesa que teníamos reservada; me pareció un poco incómodo tener que sentarme en el suelo, pero lo hice y me dediqué a mirar todo lo que había alrededor. Descubrí que la camarera había dejado un platito con un tubo al lado… Lo abrí y al ver su precioso color verde pensé que sería algún dentífrico con el que había que limpiarse antes de comer… —mientras

decía esto, movía la cabeza como pensando que aquel había sido el GRAN error.

—¡El *wasabi*! —exclamó Mateo.

—¿Lo conocen? —preguntó asombrado.

—En realidad hoy lo hemos visto por primera vez —contesté.

—¿Y lo han probado?

—Solo un poquito con la punta de la lengua —respondí.

—¡Impresionante!, ¿verdad? Pues ahora tengan en cuenta que yo desenrollé TODA mi lengua y extendí por encima todo el *wasabi* del tubo, la enrollé de nuevo, cerré la boca y…

Solo de pensarlo un color se nos iba y otro se nos venía.

—… durante unos cuantos días no recordaba casi ni mi nombre. Sé que primero me volví verde, después rojo y del salto que di me quedé encajado dentro de la lámpara que había sobre la mesa. No sé si la han visto.

—Sí, una lámpara roja con letras japonesas.

—Efectivamente, me colé dentro de la lámpara, totalmente rojo, y perdí el conocimiento pegado a ella.

—Con razón todo el mundo te buscaba y nadie te encontró —dijo Yasunari apesadumbrado.

—¿Y cómo pudo resistir tanto rojo? —preguntó Mateo.

—Eso fue lo que casi me mata. Los camaleones podemos llegar a morir si nos coloreamos así durante mucho tiempo y yo casi me muero; menos mal que apagaron las luces, cerraron el restaurante y me recuperé. Caí sobre la mesa sin saber muy bien lo que había pasado; la lengua aún me escocía y estaba pegada, así que no era capaz de hablar. Como no sabía adónde ir, pasé la noche durmiendo en la cocina so-

bre unos manteles y a la mañana siguiente me despertaron unos movimientos.

—¿Qué era? ¿Lo habían descubierto los cocineros? —pregunté impaciente.

—¡Qué va! Mientras dormía entre los manteles había cambiado tanto de color que casi ni se me distinguía. Entonces los camaleones de la lavandería cargaron los montones de manteles, los metieron en sacos y se los llevaron. Intenté decir algo, pero como aún tenía la lengua pegada no podía hablar y menos aún gritar. Cuando conseguí cambiar de tono ya estaba dentro de un saco lleno de manteles y servilletas junto a otros sacos en el interior de un camión en marcha.

—¡Pobre sobrino mío! —se lamentaba Yasunari.

—¿Y cómo consiguió escapar? —pregunté intrigado.

—En la primera parada que hicimos salté del camión y salí corriendo. Los de la lavandería me miraron asombrados, pero como no podía explicarles nada eché a correr y me metí en la primera estación de metro que encontré.

—¿En esta?

—No, qué va. En realidad llevo todo este tiempo perdido en el metro. Voy a las estaciones, las recorro, cojo trenes, me bajo, me vuelvo a subir en algún vagón… hasta que hoy me he dado cuenta de dos cosas: por fin se me ha despegado la lengua y puedo hablar, pero no me queda nada de dinero para tomar un taxi y ni siquiera recuerdo el nombre del hotel. Así que cuando me han encontrado estaba estudiando el plano del metro intentando recordar alguna parada y pensando cómo salir de este embrollo.

Al acabar su relato Bernardo suspiró como quien consigue quitarse un gran peso de encima.

—¡Vayamos al hotel! Todos necesitamos descansar y mañana hablaremos con los abogados para arreglar definitivamente el asunto de la herencia. Estoy deseando que nos conozcamos mejor —dijo Yasunari resplandeciente de ilusión.

Poco después avisamos a nuestra clienta, la hermana de Bernardo, que lloraba de alegría cuando supo que lo habíamos encontrado sano y salvo y por fin nos fuimos a dormir muy satisfechos.

Los siguientes días Yasunari nos invitó a conocer un poco mejor Tokio y sus alrededores, compramos unos kimonos, algunas maquinitas de juegos y una buena colección de libros de manga y regresamos todos juntos a casa para que Yasunari pudiera encontrarse con su sobrina.

De nuevo en casa

El lunes, cuando volvimos a la oficina, todo nos pareció más triste y apagado. Mientras esperábamos que llegara un nuevo caso, sacamos nuestros libros de *manga*, colgamos el cartel de cerrado y empezamos a leer. Bueno, más bien a imaginar las historias a través de los dibujos. Todo el texto estaba escrito en japonés.

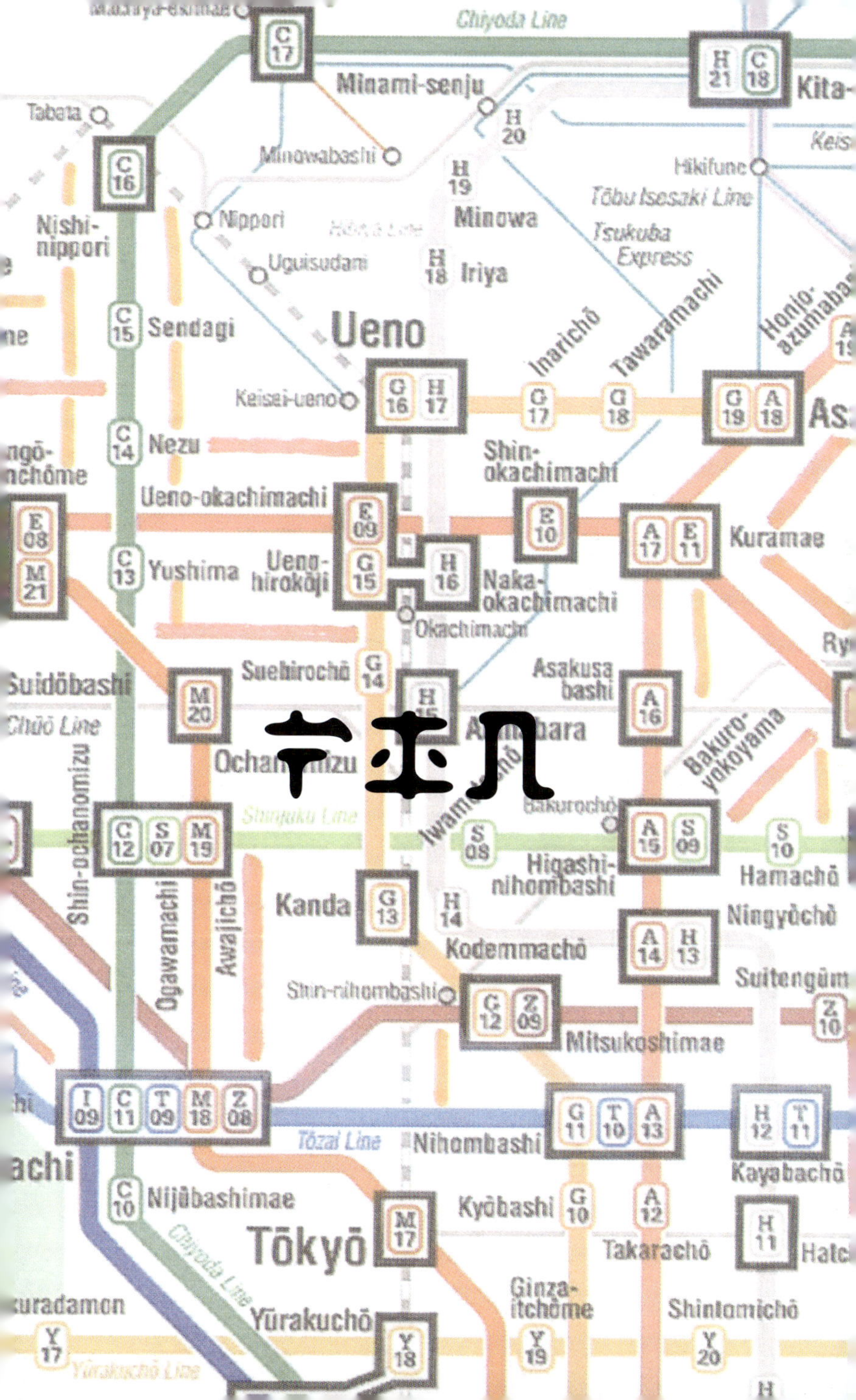
Chiyoda Line
C 17
H 21
C 18
Kita-
Minami-senju
Tabata
H 20
Keisei
C 16
Minowabashi
H 19
Hikifune
Tōbu Isesaki Line
Nishi-nippori
Nippori
Minowa
Tsukuba Express
Uguisudani
H 18
Iriya
Tawaramachi
Honjo-azumabashi
C 15
Sendagi
Ueno
Inarichō
Keisei-ueno
G 16
H 17
G 17
G 18
G 19
A 18
C 14
Nezu
Shin-okachimachi
Ueno-okachimachi
E 08
M 21
E 09
G 15
E 10
A 17
E 11
Kuramae
C 13
Yushima
Ueno-hirokōji
H 16
Naka-okachimachi
Okachimachi
Suehirochō
G 14
Asakusa bashi
A 16
Suidōbashi
Chūō Line
M 20
H 15
Bakuro-yokoyama
Shin-ochanomizu
Bakurochō
C 12
S 07
M 19
Shinjuku Line
S 08
A 15
S 09
S 10
Higashi-nihombashi
Hamachō
Ogawamachi
Awajichō
Kanda
G 13
H 14
Ningyōchō
Kodemmachō
A 14
H 13
Suitengūmae
Shin-nihombashi
G 12
Z 09
Z 10
Mitsukoshimae
I 09
C 11
T 09
M 18
Z 08
G 11
T 10
A 13
H 12
T 11
Tōzai Line
Nihombashi
Kayabachō
C 10
Nijūbashimae
Kyōbashi
G 10
A 12
M 17
Tōkyō
Takarachō
H 11
Chiyoda Line
Ginza-itchōme
Shintomichō
Yūrakuchō
Y 17
Y 18
Y 19
Y 20
Yūrakuchō Line

WASABI

El *wasabi* es una planta de la familia del repollo que se emplea como condimento japonés. Se obtiene de una raíz del mismo nombre que tiene un sabor extremadamente fuerte. El picor del *wasabi* no se parece al de la pimienta o la guindilla: es un picor que provoca rápidamente que te gotee la nariz y se te caigan las lágrimas durante un rato.

Se usa como condimento en muchos platos de comida japonesa, como el *sushi* (a base de arroz cocido aderezado con vinagre de arroz, azúcar, sal y pescados o mariscos, entre otros) y el *sashimi* (mariscos o pescado crudos).

Índice